RÉGIMEN DEL MAR

RÉGIMEN DEL MAR

FABIO CARREIRO LAGO

Valparaíso
EDICIONES

Número 533 de la Colección VALPARAÍSO DE POESÍA
dirigida por FEDERICO DÍAZ-GRANADOS

Diseño de colección y portada: Chari Nogales
Maquetación: Carlos Henson

Primera edición: noviembre de 2025

© De los poemas: Fabio Carreiro Lago
© Imagen de portada: Fabio Carreiro Lago

© Valparaíso Ediciones
C/ Fray Leopoldo, 7 bajo, 18014 Granada
www.valparaisoediciones.es

ISBN: 979-13-88007-04-0
Depósito Legal: GR 1613-2025

Impreso en España - *Printed in Spain*
Gráficas Gami

RÉGIMEN DEL MAR

Inútil resistir a la muerte que las cosas llevan al silencio de la calle
al aire que mueve el papel
sobre la mesa
YOLANDA PANTIN

eu non pensaba na norte
camiñaba contigo
CHUS PATO

conjura la nostalgia:
es la cara más bella de la muerte
PIEDAD BONNETT

MAR DEL NORTE

solo era nuevo para ti
aquel dolor aquel mar
tan cruel desnudo triste
no el de las azules sedas
el de la balsa de la medusa

aquella negra costa

una relación de
islas
desiertas
solo era nueva para ti
la vieja ley del mar

tras el naufragio
la necesidad
de alimentarse de los muertos
para poder   sobrevivir

EL ABUELO

el abuelo iba a mirar para dentro
un ratito a engañar al tiempo
antes que john wayne
empezara a disparar a todo el mundo
por la tarde polvorienta de 13 tv

se quedaba a frenar el reloj
a esperar la bonoloto
quería que pasara el tiempo
más despacio

pero había pasado ya
lejos de la infancia
y la república del ruido
de la sala de máquinas
de los barcos a cuba
donde perdió su fe en las utopías
pero no su honradez incorruptible
su bandera

por décadas debió caber
el amor por la familia
en una carta un telegrama
una visita un mes al año no bastaba
para contar sus aventuras
el encuentro de sirenas y el mar
en walbys bay volcanes sumergidos
el valor entre icebergs y tormentas

los cargueros perdidos en bermudas
moby dick por legendarios caladeros
del gran sol donde esperabas
que vistiera de capitán pescanova

era un ulises que siempre regresaba
en pijama en zapatillas un héroe
de andar por casa

con mucha mar a sus espaldas
el abuelo enseguida se dormía
en el sillón como si las puertas batientes
del saloon se cerrasen detrás de su sordera

le había dado por decir
aquel verano
ya voy camino del buen tiempo

LEJOS DEL MAR

en la tribulación un regreso
en el triunfo definitivo de la muerte
lejos del mar

¿ves todo ese mar que hay ahí?
debajo aún hay más
el humor del abuelo

tan humilde tan viejo
seguía soñando con barcos

el abuelo de joven tan guapo
se parecía a james dean

¿qué está más cerca el cielo
o el mar? el cielo era su respuesta
el mar no lo podemos ver desde aquí

aún así el cielo está demasiado lejos

se fue rápido el abuelo
el tiempo es duro y los lleva estaba
moi pasadiño

en su entierro
te calzaste sus zapatos
querías tener algo suyo
desandar sus pasos hacia la vida

tú que no heredaste nada
de su mítica belleza

LA MAÑANA

en la antigua escuela el velatorio

en este lugar bajan las brumas
sumergen trepan los valles
¿cómo separar las nieblas
de la tierra?

se enturbia el mar de nubes
de melancolía se aposenta
sobre el frío de la mañana

en la isla en cambio
el abuelo no ha muerto
nunca

en la isla quedaba el verano

LA CANOA

recuerdo mi infancia como un prolongado deseo de estar en otra parte
LOUISE GLÜCK

guardada en el armario en su caja de embalaje la trajo el
abuelo tras alguna marea un regalo preciado para sus hijas
y tú no tuviste ocasión de jugar a los sioux con ella solo
pensaste después cuando ya había muerto el abuelo cuando
ya la habían tirado que hubiera servido para un modesto
funeral vikingo la canoa habría ayudado a cruzar un río
venenoso sin óbolos ni muerte o el regato encauzado entre
mimbres o solo un charco de barro bajo los árboles junto a
la iglesia recogías allí cortezas y escribías de la alegría a la
tristeza de la infancia

a la soledad del monte

BARCOS

en trozos de madera tallaba barcos el abuelo

en la faena brillaban sus ojos claros
un mar silencioso

nada bueno tiene la vejez

el abuelo siempre en el mar
con el mar al fondo así lo imaginas
varado en su sombra ahora
puedes acogerte a la tristeza
al régimen del mar

pero no sumergirte en los fondos
oceánicos de una lengua perdida
como en un documental de cousteau

fuiste desposeído del paisaje
abisal de las palabras nativas del sentido
contra la tempestad en barcos de papel
mensajes en botellas sin miedo al mar
respondes a la ausencia al riesgo
de huracanes al leviatán

HERENCIA

cien años antes de que nacieras el bisabuelo tomó un vapor a
buenos aires en busca de aventuras era joven y fuerte y podía
trabajar cargar su pobreza de un continente a otro un hombre
aparece y desaparece

de sus cartas perdidas podrías rescatar acaso algunos mitos di-
cen que fundó una ciudad en américa que viajó hacia el norte
hacia las selvas y cazó un millón de pájaros de oro

casi un anciano regresa a vigo y se resiste a quitarse el sombrero
no quiere que se escapen las ideas de su cabeza llena de vientos
la siempre equivocada fantasía

cincuenta años antes de que nacieras un niño trepa un muro
para robar ciruelas en el huerto de las monjas el juego el ham-
bre el viento florido

historias de la eneida tu abuelo te cuenta como si hubieran ocu-
rrido allí en el monte de la guía mismamente el celta le hacía su-
frir tú vas creciendo y buscas sin encontrar una piel para cubrir
una región flores resistentes al fuego en la madroa un pangolín

SOL DE INFANCIA

manos de luz
en el pasadizo te bañan
ondas luminosas la espuma
en la tina de plástico
el temporal del mar

tus ojos no pueden
entender el mundo   aún

te fuerzan a ver

flechas de sol te alcanzan

te desprotege el cielo

sonríes sin saber que contemplas
un rostro dulce de la muerte

BAJO EL VOLCÁN

de canela quemada o carey
¿volcán o sombrero? no digas

que no podría esconder un elefante
o una serpiente aquel trazo ingenuo

¿volcán o giba de camello?
sobre el océano estrías de crayón azul

derramabas el arrugado amasijo
de volcán de colcha en la alfombra

deshaciendo el hechizo y alejando
las dulces ballenas de tu infancia larga

DEAR PETER:

estás buscando las palabras
para decir lo que quieres decir

peter no te vayas
sin escuchar la historia no contada
este desagravio de la infancia

tratas de explicarle tu tristeza
cómo cosiste la herida
su sombra atravesando los años
donde creciste la espera
la noche entre las noches
el recuerdo de la isla

no te vayas llevándote
mi juventud a nunca jamás
o al menos no me olvides
¿verdad que no lo harás?

cuando se vaya
dejarás de creer en las hadas
la luz se apagará por sí sola

NEVERLAND

que descanses fillo
y te ibas al encuentro del sueño

apagabas la luz y comenzaba
un descenso hacia el fondo del mar

no querías dormir durante el viaje
hacia los limos suaves de la infancia
al lugar irreversible del naufragio
los años anegados
en tu antigua incomprensión del mundo

creciste en seca austeridad
y debiste descubrir por ti mismo
el origen del dolor en busca
de una tierra más humana
la buena tierra y la tierra baldía
la innecesaria tierra de nunca jamás

LUCAS

manos pequeñas cóncavas
te recogieron de un mar
de un mar sin memoria
-ese mar no conoce a nadie-

grises los ojos la misma
intensidad de la luz aquella tarde
espesa a comienzos del verano
en santa cruz

meconio calostro nuevas
palabras para un recién llegado
traías bajo el brazo todo
lo hermoso una carga enorme
de pureza y ternura a cambio
solo podían ofrecerte una sonrisa
desconocida hasta entonces

cómo dejar de mirarte cómo evitar
escribir algo cursi también es
una posición política

así eras tú   te decían
como platos   los ojos
como platos

HA LLEGADO LUCKY LUKE

ha llegado lucky luke
el mejor cowboy

será así por poco tiempo
esta ternura esta canción
repetida mientras intentan
que duerma don feliz

en algún lugar
en algún lugar debería poder
guardarse este candor
para cuando creciera
cuando hiciera falta
cuando la injusticia fuera
más rápida que su sombra

¿está aquí? ¿no está?
no es física cuántica
su rostro tras las manos
de tu madre descubres
su sonrisa   el asombro
buffallo bill ha muerto
tan pequeño como un dibujo
animado tan inocente
ha llegado lucky luke

RÉGIMEN DE VIENTOS

pues sea lo que sea lo que perdamos
siempre nos encontraremos a nosotros en el mar
E.E. CUMMINGS

TE ALEJA LA VIDA siempre
te va apartando del sosiego y la bonanza

y te lleva a otro lugar donde admiras
la secreta floración bajo la tierra
de unos huesos blanquísimos
testigos de distancias

LOS CALDERONES DAN la bienvenida
al puerto a una isla en septiembre

por demasiado tiempo creíste
en buenlugar y el testimonio
de resistencia de robinson
y en la educación del buen salvaje

¿por qué te alejaste?

el niño que en ti queda anhelaba
una despedida un regreso

escapaste con vida
el abrazo significó nunca el volcán
un adiós nunca definitivo

POR LAS BANDAS del sur
la dureza del sol de tantas zafras
se acumula hasta sangrar
tus ojos baldíos y tomateros

la autopista conduce al lugarejo
al vecindario tristísimo
perdido en la calima
agitado por los vientos

LA FURGONETA DE otra vida
aparcada en el descampado
un día duro transportando muebles
ropa muchos sucios trastos

según la tradición la basura
de alguien será el tesoro de otro
¿le ayudará a cambiar de vida?

miras los celajes
por la pintura blanca iridiscencias
en los límites del óxido

en tiempo de mudanzas tu corazón
envolverás todo lo frágil
en periódicos viejos

EN EL BAZAR CHINO encontrarás
todo para la vida nueva

aunque no la estantería
con postales de basquiat
ni las bajas brumosas de famara
en la sección de hogar
ni la enciclopedia con la larga historia
de fidelidad que empieza en la odisea
y acaba en el aulagar oscuro de foucault

¿tuviste miedo a no sentir
lo mismo que sentiste entonces?

cuando escuchabas *in my life*
de los beatles preferías
la arruinada voz de johnny cash
hay lugares que recordarás
toda tu vida aunque algunos
hayan cambiado para siempre
encontrarás la letra
pocas cosas no hallarás allí

DESDE UN PAÍS de viento
intentas domar las palabras
a la izquierda elegir aquellas
que sirvan por si alguna vez
en algún lugar del tiempo
existió una isla

contra la distancia escribes
por salvar algo entre la vida venturosa
y el encuentro del infortunio

para que no se lleve la tarde la tristeza

SEMANA

lunes

frenas medio dormido
el atasco en salinetas y el rojo en taliarte
tal era la claridad arriba en telde
tendidos hules grises por el calero
pensabas en la clase y los volcanes
en agentes internos del relieve
y el significado del horizonte

martes

vientos atraviesan la clase ingobernable
donde es posible confundir
aristóteles con la tristeza
tan mala era la letra
en la pizarra aún muy verde

miércoles

vamos a ver si existe el silencio en la clase
buuuuu buuuuu –esto se supone que es el viento–
el viento por la noche deben imaginar
soplando desde un cuento sórdido
de víctor ramírez tan crudo cruzando
el sureste cruel una nube hasta el patio

jueves

se levanta un silencio limpio absoluto
se posa en ti como una nube

abres la ventana y preguntas
cómo se llama esa montaña
aún desconocida para tí

viernes

enseñas
enseñas los desastres de la guerra
enseñas las trincheras
las armas las heridas tú enseñas
lo haces lo mejor que puedes
enseñas consecuencias de conflictos
sobre la clase obrera la inflación

o mejor lean a celan

DEBERES SENTIMENTALES

esta mañana recuerdas leer
por obligación sus versos
cursis y anticuados te parecían
aburridísimos en bachillerato

pero hoy con los alumnos visitas
su casa y contemplas su rostro
enfermo en los retratos

con una rara devoción has vuelto
a leerlo en la indeseada madurez

has atravesado todas sus edades
y descubierto el humilde bálsamo
que sólo proporciona la poesía

fuera han podado las rosas
las flores de mundo pero
has sentido del mar de tu infancia
un rumor de ese mar augusto
su gracia en el monte alto
cerca de los tilos del bosque de doramas

DÍAS DE LLUVIA

preguntas qué tal
todos responden al mismo tiempo:
— *de locos*
— *estás gozando del olor de la lluvia*
— *estoy triste*
— *no se hunde la isla*
— *enfadado*
— *mal porque no se puede salir a la calle*
— *genial con la mantita en casa viendo tik tok*
— *es una mierda de día*
dijiste que podríamos expresarnos
con nuestras propias palabras

ANCHOS BARRANCOS
cauces de pobreza
llueve   llueve fleje
sobre chamizos de palés y telas
viento del sur

la tempestad en ti

y que no escuches la llamada
y no estés al despertar del verdor

ULTRAMARINA

¿esa estrella es amargura
entre estrellas de amor? ¿este carguero lleva a la eternidad?
¿adónde vamos? vida sálvanos a todos.

MALCOLM LOWRY

USOS DE INVIERNO

en ningún lugar existe
una tristeza así
costumbres
un gran dragón
un perro
no te protegían

casa
tierna luz
dentro
en ti la casa
el pasado
atenúa
el silencio

tu casa tierra gris cruda tierra sin nombre aún tu casa la poesía
tu vida una vida salvaje un asentamiento en llanos luminosos
un memorial de islas sombrías piedras un silencio enredado
en aulagas viento del sur cambiaba el tiempo por la tarde tu
casa oscurecida tu vida fría aún debías recorrer una larga pista
apisonada

una casa de silencio y luz tu lugar natural alcanzas su piel
acaricias su voz atraviesa la culpa una interinidad de años una
vida provisional para aprovechar el viaje consumirás tu pena el
viento amaina no estás en ninguna parte rodeas de secreto de
nubes las horas muertas los usos de invierno no quieres saber
de otra tempestad

su piel en silenciosa cercanía contra el frío del invierno una
mañana de domingo un iglú una caverna una cabaña de cuero
y huesos de mamut un refugio precario a veces tu hogar el de-
seo de un hogar un destino un lugar donde pasar la noche una
casa ocupada por el pasado un apartamento funcional su piel
suficiente para cubrir el perímetro de una ciudad o de una isla

DESIERTO

de espaldas al mar te aventuras
en la tierra largamente soleada
por el arenal inmenso sin veredas

te descubres en la desolación
animal de perderte en la llanura
con el sol inundando el ácido
desierto en mutua exploración
de vientos perdidos de otoño
acariciando médanos como
merced de antiguos amantes
en ingenua floración durante
la indeseada hora despedirse

SILENCIO

sobre orillas rocosas del silencio
de los siete mares escribes

enumeras los sonidos
que cercan el silencio

murmullos vegetales
   cantos de pájaros
un brusco rumor de olas

por cómo distinguías el silencio
      de la isla
del silencio del mar
sé que ya no eras joven
ni el amor te envolvía

y saltabas hacia el agua
clara y luminosa

hasta el fondo
el azul intenso del recuerdo

LA MAREA CRECIENTE

alrededor del castillo
la marea sumerge
descubre el ardor
de cuatro jinetes esquivos
no cruzaron estepas
estos caballos de fuel
sus largos cuellos sus herraduras
vigilan el mar

ante las olas crecientes
hacia lo inexplorado trotarán un día
un día
trotarán hacia
trotarán hacia un horizonte de ausencias
trotarán hacia la luna

UNA TARDE EN BUENAVISTA DEL NORTE

a Candelaria Villavicencio

en la plaza
ningún fuego ningún viento
solo una sombra alegre
y el relato de una casa
con ventanas torcidas

en el bar
nadie dejó la huella que siguieron
entre muros y plásticos de invernaderos
entre cardones y estiércol
hasta la playa rocosa
donde un torpe ulises
batalló contra el océano
donde circe les sedujo
con un rescoldo del mar
y brevas de su huerto
donde penélope cansada de esperar
y aflojada por las cervezas
resolvió un asesinato
y los invitó después
a un viaje en furgoneta
por la pasión y los desprendimientos
en busca de la historia de la verdad

EL MAR, EL MAR

esta tarde ensordece el rugido de nuestro viejo mar con alzhéimer
que no recuerda nuestros nombres ni los de aquellos que se hun-
den cada día en él con sus pies oscuros como el agua pero que
clama siempre por ulises por penélope por circe en cada ola...

TRIPULANTE Nº 1

seis días en el mar
siete una eternidad sin orillas

en el fondo oscilaban las estrellas

estabas mar adentro delante
el mar detrás se distanciaba
siempre entre vientos opuestos
una tierra un orden

allí mismo las olas quién podría atravesar
aquel silencio en la total desposesión de la luz

con tu casa a veces sueñas

siete días ocho abajo la claridad
un sueño insumergible

LOS MUERTOS

en el cementerio dieron tierra
a un carpintero a un alcalde
desnudos boca abajo
eran malos tiempos
para la libertad

petaban na casa
marchaban con quen fose
para abaixo para a estrada
…e pumba!

no se hablaba de eso
ni de otra cosa
y no los enterraban en cajas
porque podían servir para otros

¿los que no guardasen silencio?

un silencio aún los cubre

sus cuerpos estaban ahí –recuerdan–
entonces nada había

BEADE

quién suplica por las bellas horas
quién suplica porque regresen los años
ANNE CARSON

cada vez que regresas a tu pequeña aldea contrarrevolucionaria
te preguntas si será por última vez
        la iglesia   el humo
cada vez que regresas es como si nunca te hubieras ido y te sien-
tas a esperar -no hay donde esperar-
              lo más cercano al bosque
es un lugar precioso aunque al conocerlo bien preferirías irte a
cualquier parte
ridimoas   un molino   un puente

[¿fue el fuego un animal?]

                       o que arde
cada vez que regresas parece que nada ha cambiado pero al-
guien ha muerto han cortado una viña levantado una casa nue-
va no han vuelto las cigüeñas desde que arrasaron su nido
                    avanza
      la noche
           estrellas
           llamas

-----------------------un cortafuegos-----------------------

inferno   infancia

la fuente   la carretera   el bar

la gente ofrece

la gente está sacando todo lo que tiene para el incendio: palas
tractores rastrillos bombas de agua mascarillas

aquí no hay nada que no sea del pueblo

hay gente sin dormir

                esperando que llegue el fuego

                                    las casas

las brasas

            por si cambia el viento

las viñas   el pueblo

que ni en el lugar más remoto descansa el tiempo   el monte

                los años   cenizas

                          calor

el abuelo   la infancia   todo se quema

el tiempo irrecuperable con su olor a sulfato y abono con su pro-
mesa de luz de verano seguirá fluyendo por el río hacia nuevos
fondales

MONTAÑA AMARILLA

a Iván Cabrera Cartaya

emerge del agua   el desafío
          alcanzar una montaña
    algo perdurable

recorren los caminos de la ausencia

    una épica

no se desvanece
la presencia del amigo

             resisten los vientos
cruzan costas olvidadas
y pronto llegarán a los confines
a esa montaña   frágil
       amarilla
montaña que se extingue
lentamente   en su cumbre
nubes arcillosas   se alejan
del callado invierno de las olas
de la intención del refugio
del amargo sabor a tierra última

CERCA DEL OTOÑO

desapacible tarde en la laguna
nieblas no invitan a volver
sobre tus pasos por frías calles
pero sí a recordar años de esfuerzo
y rebeldía al beber cerveza oscura
en el tocuyo entre estudiantes
ruidosos descubriendo el rigor
de los vientos el amor y sus contornos
nunca sabrán cómo su juventud
te hiere ahora cuánto te desabriga

TABACO

a Óscar Pérez Piñeiro

por herencia fumabas
por lealtad a los muertos

por tu abuelo casi analfabeto
de joven militar en sidi ifni
que moribundo en el hospital
pedía el tabaco escondido
en la gaveta del armario

te negabas a buscarlo
y aún sin fuerzas
y en calzoncillos obraba el milagro
de ponerse en pie para alcanzarlo

tenías veinte años y era duro
resistir sin nicotina
la tristeza de tu abuela viuda
una casa en ruinas
dos hijas muertas
atravesando su piedad

eran días de lluvia y oposiciones
de trenes a deshora
de comer bocadillos en la facultad
de sacar la vida adelante
de fumar a todas horas

aún no sabías que
habría un tiempo incluso de ir
al final de la isla a buscar tabaco
si fuera preciso
en medio de la noche
no por placer

por cumplir un destino

PAN

a Pedro

compraste pan en la gasolinera
para desayunar
cuántos panes de esos hizo josé
con sus manos bastas en soo lejos
siempre lejos

de las oraciones cristianas
un pan sentimental no hará más
panes no es menos valeroso
morir en su silencio

como una roca de cal el sol
en su frente ese cielo nunca más

con sus manos justamente
amasaba silencios

su mano protectora
de los vientos te cuidaba
atesoraba vientos

LOS ÁRBOLES

a Loreto Placeres Ramírez

regresaste a triquivijate
querías saber si seguían
allí los árboles que plantaron
entonces si crecieron
si sus ramas serían
resguardo frente al viento
intranquilo de la tierra
y de la muerte

si tuvieron más suerte que tú
querías saber si llovió
si dejó de llover
si no se secaron

cómo florecerá su sombra
desde la verja ves el jardín
donde disfrutan otros intentan
ser felices como tú lo fuiste
plenamente

OTILIA DÍAZ, 8

hubo un árbol
desgreñada cabeza de medusa
un árbol secreto y salvaje
y una casa en ruinas frente a tu casa

alquilaste la casa por el árbol
admirabas el verdor tras los estores
el respirar lento de sus ramas
el brillo de sus hojas
su vocación de hogar para los pájaros

te inquietaba también su agitación
los largos días de viento
en qué miedo se convertían
sus sombras en la noche
en qué monstruo en qué pesadilla
en qué escondida voz
cómo mezclaba su silencio con el jaleo
de las fiestas de la recova

un domingo llegaste bajo la lluvia
extraña en arrecife tras pasar
el fin de semana fuera
el aguacero borraba los muros
ante tu asombro del árbol
solo quedaba una mancha oscura

sin una despedida en la pared
todavía brillaban
aún palpitaban sus hojas
la última vez

UN APARTAMENTO COMPARTIDO

a Jorge Martínez López

quizás todo empezó en baltimore el solomillo guardado en las
bragas olía a grandes problemas divine un minuto o un siglo
mientras buscabas una peli en filmin o netflix pedías algo de
cenar chino o papas locas hasta los últimos días comprabas flores
y libros hay que abolir el trabajo compartías aquella esperanza
tan rara la pereza y el marxismo algún día tendrían que despe-
dirse del barco ebrio de rimbaud y de genet y de las confiden-
cias nocturnas algún día tendrían que decir adiós a susan sontag
y a david wojnarowicz y a las plantas ahogadas y a las secas a
las migas y la pelusa en los rincones al desorden un amasijo de
ropa sobre el sofá al entrar las zapatillas tiradas de cualquier
forma aquellas canciones nuevas la basura esperando su paseo al
contenedor no es tarde para dejar una carta de amor y amistad
en el buzón y enciendes la luz querrías leer un poco en medio
de la anarquía de aquella felicidad inesperada a poder ser una
historia de nunca acabar

ANDANZAS

a Yolanda Ruano

hay un poco de audio en tu viento y en un silencio el verano
cervantino atempera el alma un libro un buen vino manchego
por el altiplano de almansa avanzaba el deseo de vivir el gozo
de las sencillas cosas

en el tren el calor (antes de llegar) un caballero rescató una
historia toda la aventura de inventar un lugar y comenzó a
robar tiempo al mundo

una mirada en movimiento una misma dicha solo uno frente al
otro (en la distancia) ocres tierras de secano molinos de viento
y el sol en la viña

JARDÍN MAJORELLE

el azul viene de lejos el parque
un hermoso poema un silencio
de cactus y palmeras y bambúes
y guiris haciendo fotos compulsivamente
el trabajo de cuarenta años
toda una vida para aprender
a dormir solo en un país extranjero
para diseñar un jardín
no es suficiente el amor nunca
para inventar un color que no exista
en el cielo   ni en el mar

UNA DESPEDIDA

a Manuel Díaz Martínez

compartía vientos en gáldar
soledad o libertad
de un poeta olvidado
la última vez que lo viste
cerca del bar donde antonio arroyo
sometió las horas muertas

era abril y su humildad
su benéfica presencia
entregaba plenitud de memoria
perdida por jardines
de experiencia recordando
los empachos de lezama
o el fulgor de sarduy
con su voz dulce fatigada

rumbrientas se ponen las cosas
en la marea no guardó
su sonrisa o el silencio
por las gavetas de los años
decisivos en un puerto alegre
dando sentido a la desgracia

se entregó a la ausencia
y solo los poemas y la vejez
pondrían término al destierro

que tenga don manuel

un buen regreso
sin miserias a su isla con aires
de antiguo paraíso colonial
que no le alcance el mal de altura
en su viaje sin retorno
al país de ofelia

LA TERNURA

a Berbel

la ternura por la tarde
escindida del viento verte
con los ojos cerrados una sonrisa
te las arreglarás con lo que tenga
un chiste un abrazo una parte
del corazón aquello que necesites
lo ofrecerá el tiempo frágil
al descubierto toda la dulzura
de una carita de niña siempre
pensando en cosas que no están
los colores las mejillas quemadas
un lugar seguro inmune
a las mudanzas ningún documento
cambiará eso siempre estarás
protegido a su lado del frío
de ultramar

LO SUPISTE AÑOS DESPUÉS

Lo supiste años después
estaba muy malito
       li
de   ra
       ba

no podía   respirar
tenía miedo
       se
d
      e   c
         s   o
                       m
             p
                u   s
                     o
      TODO
cuando llegó la ambulancia

es cruel
el olor del hospital

tener que decidir
        la última palabra

un faro   una flor

tarde
era tarde ya
para buscar una frase
para un último encuentro
por la mañana
tomabas un avión

sobre el mar

él   ya se había ido

ULTRAMARINA

a bordo de un barco un barco oscuro han navegado juntos han
navegado en noches despejadas han navegado entre la niebla
bancos de niebla sobre la silenciosa profundidad y el frío que
allí hacía rastreaba la luz un mar dentro del mar sobre sus
hombros el peso de todos los mares de ti el mar hará lo mismo
que hizo con todos antes el mar sigue siendo el mar insiste el
viento pronto estarán en casa esta noche en el mar un último
viaje parte del silencio

ÍNDICE